Succession de Mme X***

MINIATURES

ÉMAUX

PORCELAINES, CURIOSITÉS DIVERSES

TABLEAUX

VENTE

Les Vendredi 18 et Samedi 19 Janvier 1867

EXPOSITION PUBLIQUE

LE JEUDI 17 JANVIER 1867, DE 1 A 5 HEURES

COMMISSAIRE-PRISEUR

EXPERT

Me BOUSSATON

M. CH. MANNHEIM

7, rue Le Peletier.

10, rue de la Paix.

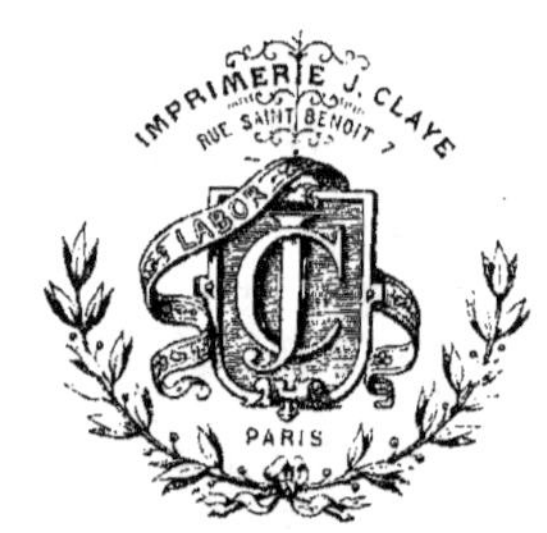

IMPRIMERIE J. CLAYE — RUE SAINT-BENOIT, 7 — PARIS

CATALOGUE

DE

MINIATURES

ET ÉMAUX

Des époques Louis XIV, Louis XV et Louis XVI

BELLES PEINTURES SUR PORCELAINE
TABATIÈRES; ÉMAUX DE LIMOGES; PORCELAINES DE SAXE, DE CHINE
ET DU JAPON
BELLE PENDULE RELIGIEUSE EN MARQUETERIE

TABLEAUX ANCIENS

LE TOUT DÉPENDANT DE LA SUCCESSION DE Mme X***

ET DONT LA VENTE AURA LIEU

HOTEL DROUOT, SALLE N° 4

AU PREMIER ÉTAGE

Les Vendredi 18 et Samedi 19 Janvier 1867

A 2 HEURES PRÉCISES

PAR LE MINISTÈRE DE Me **BOUSSATON**, COMMISSAIRE - PRISEUR

7, RUE LE PELETIER

ASSISTÉ DE **M. CH. MANNHEIM**, EXPERT, RUE DE LA PAIX, 10

EXPOSITION PUBLIQUE

LE JEUDI 17 JANVIER 1867, DE 1 A 5 HEURES

1867

CONDITIONS DE LA VENTE

Elle sera faite au comptant.

Les adjudicataires payeront cinq pour cent en sus des enchères.

L'exposition mettant le public à même de se rendre compte de l'état des objets, il ne sera admis aucune réclamation une fois l'adjudication prononcée.

ORDRE DES VACATIONS

Le Vendredi 18 Janvier 1867

ÉMAUX. — MINIATURES ET OBJETS DE MONTRE

Le Samedi 19

PORCELAINES. — BRONZES. — CURIOSITÉS DIVERSES

TABLEAUX

DÉSIGNATION DES OBJETS

ÉMAUX ET MINIATURES

1. — Joli portrait de femme finement peint sur émail et sur or; époque Louis XIV.

2. — Portrait d'homme portant la perruque à rallonge, peint sur émail et sur or, attribué à PETITOT.

3. — Portrait d'homme portant la perruque à rallonge et une large collerette blanche. Peinture sur émail du temps de Louis XIV.

4. — Grand médaillon ovale représentant un portrait d'homme drapé dans un ample manteau et portant une perruque à rallonge. Cadre en bronze doré.

5. — Jolie peinture sur émail; portrait de jeune femme portant un beret rouge avec plume blanche. Époque Louis XV.

6. — Portrait d'homme, très-finement peint sur émail, dans la manière de Weyler.

7. — Portrait d'homme, portant le costume d'officier des gardes du roi Louis XVI. Peinture sur émail.

8. — Portrait de jeune femme. Esquisse très-finement peinte sur émail, du temps de Louis XVI.

9. — Peinture sur émail, représentant deux enfants mois-
sonneurs.

10. — Très-belle miniature ronde, sur ivoire, du temps de
Louis XVI; jeune fille vue à mi-corps, tenant un
bouquet de fleurs de la main gauche. Cadre en
bronze ciselé et doré au mat.

11. — Jolie miniature ovale sur ivoire; portrait de la reine
Marie-Antoinette.

12. — Miniature ovale sur ivoire; portrait de la grande
Catherine de Russie.

13. — Grande miniature ovale; portrait du roi Louis XV.
Cadre en bronze doré.

14. — Très-belle miniature carrée, par Klingstett; compo-
sition de six figures, vues à mi-corps : le mar-
chand de souris blanches. Cette miniature est
montée dans un cadre en or et appliquée sur
une plaque d'ivoire.

15. — Autre miniature par Klingstett, pouvant servir de
pendant à celle qui précède : le dessous du chapeau.

16. — Belle miniature ovale, par Klingstett. Jeune femme
vue à mi-corps, le sein découvert; près d'elle un
amour.

17. — Miniature ovale sur ivoire d'après Petitot; Portrait
du cardinal Mazarin. Elle est montée dans un cadre
carré à réverbère, en or ciselé et à filet d'émail
bleu.

18. — Jolie miniature ovale par Klingstett ; Psyché et l'Amour endormi.

19. — Portrait de jeune femme finement peint à l'encre de Chine, et attribué à Klingstett.

20. — Jolie miniature ovale sur ivoire ; portrait de jeune femme en costume d'abbesse ; dans un cadre en argent doré, à guirlandes de fleurs et ornements finement ciselés. Époque Louis XVI.

21. — Médaillon rond, présentant sur chacune de ses faces une miniature sur ivoire, peinte en grisaille par Sauvage. L'une d'elles représente les bustes de Louis XVI, de Marie-Antoinette et du dauphin, et l'autre, le buste de la princesse de Lamballe.

22. — Miniature de forme, carré long sur vélin, représentant le portrait de Marie Leczinska, reine de France.

23. — Jolie miniature ovale sur ivoire. Portrait de jeune fille en costume Louis XIV.

24. — Miniature ovale du temps de Louis XIV, sur vélin. Portrait de Mme la duchesse de Grammont.

25. — Miniature ovale sur ivoire, très-finement peinte. Portrait de Ninon de Lenclos.

26. — Grande miniature ovale sur vélin. Portrait d'Henriette d'Angleterre (?). Cadre en bronze doré.

27. — Miniature ovale sur vélin. Portrait de Colbert.

28. — Miniature très-fine sur vélin, attribuée à *Petitot*. Portrait d'homme portant une perruque blonde à rallonge.

29-31. — Six miniatures ovales sur vélin et sur ivoire.
Portraits de femmes du temps de Louis XIV. Ce
lot sera divisé.

32-33. — Cinq miniatures sur vélin. Portraits d'hommes
du temps de Louis XIV. Ce lot sera divisé.

34. — Miniature ronde sur ivoire. Portrait de la reine
Marie Antoinette, vue de profil et tournée vers la
droite.

35. — Miniature ovale sur ivoire. Portrait du roi Louis XVI.
vu de profil et tourné vers la gauche.

36. — Miniature ovale sur vélin. Portrait de jeune femme
en costume blanc. Époque Louis XV.

37. — Miniature carrée sur vélin. Portrait d'homme en
costume Louis XV.

38. — Miniature ovale sur ivoire, signée *V. Giannini*.
Portrait d'homme en costume de chasse. Dans un
cadre en bois sculpté et doré du temps de
Louis XVI.

39-40. — Quatre miniatures du temps de Louis XVI, sur
ivoire. Portraits de femmes. Ce lot sera divisé.

41. — Deux miniatures ovales sur ivoire. Portraits de
Danton et d'un prince autrichien.

42-44. — Neuf miniatures ovales sur vélin et sur ivoire.
Portraits d'hommes du temps de Louis XVI.

45. — Deux miniatures rondes sur ivoire. Portrait de
Van Dyck, et portrait d'homme signé Gillot 1846.

46. — Très-belle miniature ovale sur ivoire par *Parant*.
Portrait de l'empereur Napoléon Ier, peint à
l'imitation d'un camée. Cadre à réverbère en or
à filet d'émail bleu.

47. — Miniature ovale sur ivoire. Portrait du roi Charles X
en costume du sacre. Cadre en bronze doré sur-
monté du blason de France en or gravé.

48. — Deux miniatures ovales sur ivoire signées **M. L.**
Portraits des enfants de Mme la duchesse de Berry.
Dans des cadres en or, accompagnés de deux
écussons et de deux fleurs de lis en or, très-finement gravés, ainsi que de deux médaillons portant les chiffres des enfants de France exécutés
en cheveux.

49. — Miniature ovale sur ivoire signée Daubigny. — Portrait de femme, portant un corsage blanc et une
écharpe noire.

50. — Deux miniatures rondes sur ivoire, dont une signée
Aubry. — Portraits d'hommes.

51. — Trois pièces : Portrait de religieuse signé Creffin
1783, portrait de jeune fille signé Guérin
1795, et portrait de femme signé Gournay
1822.

52. — Miniature carrée sur vélin représentant une femme
assise en costume du temps de Louis XIV et
dévidant du fil ; et miniature ronde sur ivoire
signée de S., représentant un portrait d'homme
en costume Louis XVI.

53. — Jolie miniature ovale sur ivoire signée **Duvigeon le jeune**. — Jeune femme à demi nue surprise par un jeune homme.

54. — Miniature ronde sur vélin dans la manière de Boucher. — Groupe de trois personnages dans un jardin.

55. — Deux miniatures d'après Greuze, l'une de forme ronde et l'autre ovale.

56. — Miniature ronde peinte en grisailles sur ivoire. — marche triomphale de Silène.

57. — Quatre miniatures carrées peintes en grisaille sur fond noir et représentant divers sujets allégoriques.

58. — Jolie miniature sur vélin attribuée à **Klingstett**. — Psyché entourée d'Amours.

59. — Trois miniatures, dont une, sur ivoire, représente une jeune fille assise dans une cour de ferme.

60. — Miniature à l'huile sur cuivre. — Portrait de la reine Marie de Médicis.

61. — Deux miniatures : l'une à l'huile, sur argent, représente le portrait d'un jeune homme en costume du XVIe siècle; et l'autre, ronde, très-petite, offre le portrait de Henri IV.

62. — Deux miniatures carrées sur vélin. — Portraits de Marie Thérèse et de François Ier d'Autriche.

63. — Miniature carrée sur ivoire. — Sainte Cécile.

64. — Miniature ronde à l'huile. Portrait du pape Jules III.

65. — Portrait de femme en costume de religieuse peint sur émail. Cadre en bronze.

66. — Miniature ovale. Portrait de saint personnage, signé *Amornino*. Cadre en bronze.

67. — Deux jolies miniatures ovales sur ivoire : l'une représente Joseph Vernet enfant portant un portefeuille à dessins, et l'autre une jeune fille jouant de la vielle.

68. — Deux miniatures ovales à !'huile. Portrait d'homme et portrait de femme en costumes du temps de Louis XIV.

69. — Deux autres miniatures à l'huile. Portrait d'un pape et portrait du père Montfaucon.

70. — Joli dessin gouaché, scène d'intérieur, école italienne.

71. — Deux miniatures à l'huile sur pierre de Florence et représentant des sujets tirés de l'Ancien Testament.

PEINTURES SUR PORCECAINE ET SUR VERRE

72. — Très-belle peinture sur porcelaine représentant le triomphe de Galatée, d'après Raphaël. Hauteur, 41 cent., largeur 34 cent.

73. — Belle peinture sur porcelaine de Sèvres représentant une jeune femme pinçant de la mandoline et portant le monogramme E. L. Elisa Lothon, élève de Mme Jacquotot.

74. — Autre peinture sur porcelaine de Sèvres par Élisa
Lothon. Portrait de Jean Sobieski.

75. — Peinture sur verre. Portrait de Jean Frédéric de Saxe,
portant la date de 1714.

76. — Peinture sur porcelaine. Portrait de Franklin.

BIJOUX ET OBJETS VARIÉS

77. — Tabatière en or de forme carrée, enrichie de trois
panneaux de laque du Japon, décorés de figures
sur fond noir de la plus grande finesse. Époque
Louis XV.

78. — Bonbonnière ronde en écaille blonde, ornée d'une
miniature en grisaille sur ivoire, représentant le
portrait de Mme Roland.

79. — Bonbonnière émaillée, décorée de sujets, d'après
Boucher, peints en grisaille. Travail moderne.

80. — Émail de Limoges. Jolie plaque ovale; peinture en
émaux de couleurs et sur paillons, attribuée à Jean
Courtois. La Justice, figure de femme casquée et
debout, tenant un glaive de la main droite et une
balance de la main gauche.

81. — Plaque carrée, en fer repoussé et damasquiné en or,
représentant un sujet tiré de l'*Histoire romaine*.
Travail italien du XVIᵉ siècle.

82. — Joli médaillon ovale en ivoire, sculpté en bas-relief, représentant un groupe de satyres et la figure d'Apollon debout. XVIIe siècle.

83. — Quatre bustes en ivoire sculpté, en bas-relief. Portraits de Louis XV, Marie-Thérèse, Charlotte Corday et de l'impératrice Joséphine.

84. — Mosaïque de Rome de forme oblongue, représentant des arènes antiques. Cadre en or.

85. — Cinq médailles diverses en bronze.

86. — Trois médaillons, dont deux en biscuit de porcelaine, et un en terre cuite, représentant Louis XVIII.

87. — Trois paires de flambeaux en bronze doré. Ce lot sera divisé.

88. — Deux petites girandoles à deux lumières, en bronze doré, ornées de figures de chiens couchés en porcelaine.

89. — Bénitier, faïence italienne, décoré de bustes et de figurines en relief.

90. — Aumônière en velours rouge, portant un grand nombre de fleurs de lis brodées en fin.

91. — Clef en fer de style gothique, à rosace et ornements découpés à jour.

92. — Émail de Limoges. Plaque carrée peinte en grisaille, par Laudin, représentant saint Pierre en prière. Cette plaque porte une armoirie, surmontée d'un chapeau de cardinal.

93. — Émail de Limoges. Plaque carrée, peinte en émaux
de couleurs, et représentant saint Paul couronné
par un ange voltigeant.

94. — Vidrecome à couvercle en verre émaillé, représentant les figures des douze apôtres. Travail
allemand.

95. — Petit coffret du temps de Louis XIII, en écaille,
garni en argent.

96. — Coffret vénitien de forme hexagone, décoré de
figures en os, sculptées en bas-relief.

97. — Petite papeterie en marqueterie du Bengale sur
ivoire.

98. — Papeterie en laque, fond rouge et décor d'or.

99. — Petit meuble à deux portes, et formant bureau.
en ancien laque du Japon, fond noir et décor
de paysages en or. Belle qualité.

100. — Petit groupe en terre cuite, par MARIN ; jeune
mère et ses enfants.

101. — Reliquaire en bois noir garni d'appliques en argent.

102. — Tableau ovale en tapisserie ; saint personnage en
prière. Cadre en bois sculpté et doré.

103. — Bénitier en cuivre doré et argenté, orné d'appliques
repoussées, et présentant à son centre une tête
de Christ peinte en miniature sur cuivre.

104. — Deux médaillons ovales en marbre blanc, sculptés en
bas-relief ; bustes de Louis XVI et de Marie-
Antoinette.

105. — Deux peintures sur porcelaine en un seul cadre; scène d'intérieur Louis XV et sujet d'après TENIERS.

106. — Grande plaque ovale et contournée, en faïence de Delft, décorée en camaïeu bleu représentant le Calvaire.

PORCELAINES

107. — Deux grands et beaux compotiers en ancienne porcelaine du Japon, décorés d'arbustes et de fleurs en couleurs.

108. — Petit vase pot pourri en ancienne porcelaine de Saxe, monté sur socle rocaille en bronze doré, enrichi de deux figurines d'enfants en vieux Saxe. Époque Louis XV.

109. — Beau sucrier en ancienne porcelaine du Japon, monté en argent gravé. Époque Louis XIV.

110. — Sept figurines en porcelaines diverses. Ce lot sera divisé.

111. — Deux vases, modèle Cornet, en ancienne porcelaine d'Allemagne, décorés de fleurs.

112. — Plateaux, coupes, sucriers, etc., en porcelaine de Sèvres, pâte tendre. Ce lot sera divisé.

113. — Aiguière en ancienne porcelaine de Frankenthal, décorée de figures dans le style de Watteau.

114. — Joli vase à deux anses-serpents. en ancien biscuit de
     Wedgwood. à figures blanches en relief réservées
     sur fond bleu.

115. — Quantité de tasses, théières, plateaux, écuelles,
     vases, etc., et diverses porcelaines qui seront
     vendues par lots.

116. — Plaque en porcelaine de Capo di Monte, représentant
     des bustes de philosophes grecs en relief.

------

117. — Très-jolie pendule et son socle-support, du temps
     de Louis XIV, forme dite Religieuse, en marque-
     terie d'étain et écaille, garnie de bronzes dorés
     et enrichie de colonnes torses en ivoire.

TABLEAUX

118. — École française du xvie siècle. Portrait de jeune homme (François II ?) en costume blanc et collerette plissée. Sur bois.

119. — Van der Meulen. Portrait équestre de Louis XIV en costume d'empereur romain et couronné par une Victoire ailée. Cadre du temps, en bois sculpté et doré.

120. — École de Fontainebleau. Sujet allégorique ; portrait de jeune femme vue à mi-corps, tenant une flèche qu'un Amour cherche à lui dérober. Cadre en bois sculpté et doré.

121. — Corneille de Lyon (attribué à). Portrait de Marguerite de France, duchesse de Valois.

122. — Mignard. Portrait de la duchesse de Bourgogne, vue à mi-jambes.

123. — Attribué au même. Portrait de jeune homme portant l'armure et la perruque à rallonge.

124. — École flamande. Groupe d'oiseaux dans un paysage.

125. — C. Langlois, 1825. Napoléon Ier donnant ses ordres à Poniatowsky le jour de la bataille de Leipsig.

126. — ÉCOLE FRANÇAISE DU TEMPS DE LOUIS XVI.
Jeune femme pinçant de la harpe et ayant près
d'elle un jeune enfant tenant une poupée. Sur
cuivre.

127. — MÊME ÉCOLE. Portrait de femme en corsage bleu
et fanchon noire.

128. — ÉCOLE MODERNE. La marchande de poissons.

129. — ÉCOLE FRANÇAISE AU XVIᵉ SIÈCLE. Portrait
du prince de La Tremouille.

130. — PASTEL CARRÉ. Portrait du roi Louis XVI.

131. — PORTRAIT DU ROI CHARLES X EN PIED.

132. — PORTRAIT de Mˡˡᵉ de La Vallière. Sur toile.

133. — F. BOUCHER. Tableau ovale représentant la fuite
en Égypte. Cadre en bronze.

134. — Peinture sur albâtre orientale. L'Assomption de la
Vierge.

135. — On vendra sous ce numéro les objets omis.

PARIS. — J. CLAYE, IMPRIMEUR, RUE SAINT BENOIT, 7.

111 — 34

2/ ... — 29

2/ ... — 29
——————
97